I Quaderni del Circolo

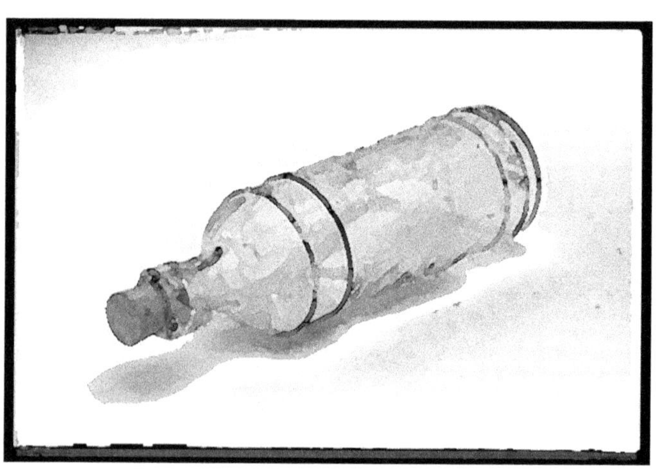

Sergio Fumich

DESTINATI ALLA POLVERE

Tutte le poesie
1995 – 2005

ANDREANI
Circolo Culturale Anticonformista

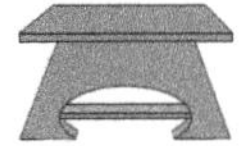

L'attività editoriale del Circolo Culturale Anticonformista "Andreani" è particolarmente diretta al recupero di vecchie pubblicazioni e documenti manoscritti che sono stati parte o danno testimonianza della cultura e della storia dell'Ottocento e del primo Novecento. Con la pubblicazione dei Quaderni il Circolo intende adempiere ai suoi scopi statutari che indicano come primo obiettivo il recupero e la valorizzazione della cultura locale nelle varie forme ed aspetti con cui nel tempo si è manifestata, la storia e le tradizioni della civiltà agricola che nelle diverse epoche ha arricchito il territorio, la storia della gente di Brembio e dei suoi legami con il circostante territorio lodigiano, con l'altra gente lombarda ed in generale con le vicende nazionali.

DESTINATI ALLA POLVERE

DI SERGIO FUMICH

PRIMA EDIZIONE NEI QUADERNI: GENNAIO 2014

ISBN 978-1-291-68039-3

ANDREANI
CIRCOLO CULTURALE ANTICONFORMISTA
BREMBIO

Destinati alla Polvere

Febbraio 1994
(1995)

★

sarà una gran bella annata per noi
che non ci teniamo più di tanto al seggio
                    – troppo naïf per fare i politici –
un sonno tranquillo sotto una morbida coperta
trasmissioni in cui si discute dove
sta la sinistra
                    – la solitudine di una riva
l'orrore di un naufragio –
resistere
          sorridendo sempre magari
costretti a chiudersi in bagno per farsi
una sigaretta
                    – senz'altro la più sofferta e matura –
lasciarsi vivere
un'altra storia vera e inventata
con il solito sguardo distratto sul mondo
prendere atto prendere nota

riusciremo
mai a liberarci dal nostro passato
l'orrore di questi anni
                    che è dentro di noi
non bastano nuovi caratteri

formati e impaginazioni
quando il quotidiano si riduce a qualche patata
e rare zuppe di fagioli
ogni immagine è sempre il marketing di qualcosa
di fronte agli occhi dell'uomo occidentale
una sintassi
tutta enfasi e sussulti
per corrodere quel tanto di cultura che ancora
alligna
nella nostra sensibilità
– con le migliori intenzioni

★

non racconto storie piuttosto sperimento
forme ritmi spazi
                              sguardi turgidi e dissacranti
nascosti negli armadi della memoria
meccanismi fantastici da cui farsi
innocentemente coinvolgere per creare
incubi in cui perdersi
                              – sono un uomo che aveva amato
che aveva fatto sperare in un futuro felice
non mi vedo nella Piazza Rossa col colbacco
appena sbucato da una strada di Manhattan
a propiziare altro immobilismo altre
chiusure sentimenti di déjà-vu
parcheggiando in divieto di sosta
                                        – nel giorno della pulizia –
una fetta della Milano borghese

quando un nemico muore si mangia qualcosa
di lui
          la foto con l'autografo la dedica
          un coltello piantato nella schiena
          piccola pasticceria caffè acqua minerale
c'è da fare e da rifare

yankee go home
socialismo o muerte
labbra secche e irritate
e fabbriche smantellate
cascine abbandonate
cittadini in liquidazione
c'è un
possibile Messia in ogni generazione
– non lettere
non fax
un numero verde
per emergere
pacatamente
senza alzare la voce
senza salire sul carro del Pds –
cerchiamo di non mimetizzarci
in mezzo agli altri di uniformarci
stare in fila come tutti
– per un uovo o mezzo pollo –
anche se le nostre case non hanno
prossimo
vicini
solo
impermeabili silenzi attenti
al prezzo dell'oro

★

ho costruito un fortino di legno
con la mitezza senza rimproveri
di chi persegue richiami antichi
senza perdere il gusto delle utopie
per resistere
                    ai milioni
                    alle bombe
                    alle joint venture
                    con i capitali stranieri
                    all'eterna giaculatoria che apre
                    che chiude ogni discorso

– gridando ai bambini di non sporgersi
ma un conto
è
la
scemenza
un conto
il vuoto
          assoluto –
terribilmente ora sto meglio
          – e gli scontri i battibecchi
                    gli abbasso il duce

avrà pure fatto una scelta di classe –
ho anche il coraggio di scrivere
e lasciare squillare il telefono
– il sogno di ricominciare da zero
giorno per giorno
allungato pigramente sulla poltrona
senza un mercante che t'insegni cosa
comprare
per essere uomo

★

si sono aperti nuovi mercati
in Cina in Russia in Corea
– american dream -
e adesso i soldi fateveli
gold natural pearls topaz
sapphires emeralds rubies
sugli schermi luminosi della pubblicità
la vita è cambiamento – senza
schizzi preparatori
ed è già il momento di passare avanti

usciti dalla prigione di Yalta
una corsa continua un'ansia
ininterrotta
fagocitati dalle immagini elettroniche
dei videogames attraversiamo grandi
corridoi
gelidi
tra ruzzoloni e cadute – il terrore
di essere
invisibili –
farai finta di non avere cervello
così riuscirai a ritrovare

la tua
libertà
e intorno stragi orrori fame e paura
la guerra ha sfregiato
anche i ricordi

– lontano molto
lontano dai flash dei fotografi
i cuori rossi della vecchia guardia
resistono dietro la sigaretta accesa
alla fermata di Piazza della Rivoluzione
per una speranza lontana
– e assurda –
di felicità
un desiderio di sole d'acqua limpida
anche dopo la caduta del muro

★

all'osteria del povero diavolo
verità scodellate nelle veline ufficiali
con il vocabolario di chi non sa le lingue
equivoci fraintendimenti qui pro quo
inviti papali papali a tirare lo sciacquone
si ride poco
– tutt'al più si ridacchia –
la cultura felice dei deboli
che salverà questo paese

per me spendo pochissimo
l'affitto qualcosa per il cibo
molto poco per vestirmi
mi sento libero serenamente
guardabile non pretendo
di cambiare la gente la storia
non gioco
a fare il naufrago in questo mondo
ammalato di eccesso
schiavo del bisogno
politically correct quanto basta
per riconoscere che nella storia
non esistono sogni
solitari

★

io sono *dunque* sono
fra i rottami
un grande Cristo di dimensioni umane
– sembrava la morte –
e il pubblico del cineforum applaudiva
        freneticamente

i fatti i nomi i volti i numeri
nulla di casuale nulla di ingenuo
l'acqua il vento il tempo
hanno disegnato il paesaggio
        – in campagna non vedo
                finestre illuminate
                la mano che traccia scritte sui muri
                dei cessi

il concerto è finito troppo tardi
gli anni Ottanta il rampantismo
l'avvento di De Mita l'era Craxi
tra muri crollati città degradate
il bisogno di stare insieme
per sopravvivere croci viventi
nella mancanza di qualsiasi legge

che non sia
quella dei furbi
– in un bazar di luoghi comuni
c'è sempre uno incaricato di chiudere
burocraticamente la storia
all'avvicinarsi della notte

Frantumi
(1995)

★

stranamente non sono che istanti
ma non mi pongo il problema adesso
o forse non è questo il momento
c'è il biondo baluginare dell'alba
che sta nascendo senza
nessuna indiscrezione sui giornali

un paio di jeans e una maglietta
dire poco perché diventa subito
come trito già detto parole
di una canzone
ripetuta alla noia

★

forse bisognerebbe bruciare
ogni calendario
una libertà provvisoria una pace
precaria

chi ha vissuto a occhi aperti gli anni
gettandosi nelle acque gelide
lecca la busta del suo testamento
politico dall'orizzonte grigio
e conformista

non siamo più abituati a raccogliere
a contemplare
a borbottare fra sé e sé

o forse tutto questo è solo un gioco
di rime intrusi che si guardano
intorno con ansia una voce
che non rientra nella busta paga

★

tutto si esaurisce o sembra esaurirsi
nell'apparire diversi omologhi solo
ai propri simili passare
il cerchio dell'assedio è come
attraversare la macchina d'ossa
dondolando da uno stivale all'altro
le lunghe distanze mentre il fotografo
ti scarica addosso qualche rullino

non ho letto i giornali negli ultimi due anni
no non mi sembra proprio di avere
nostalgie è l'unico vero modo
per sentirsi vivi e continuare esprimersi
dimostrare entusiasmo nei toni
rossi del desiderio
in un sorriso candido come l'amore

nascondo la voglia di giocare col mondo
la mia proiezione di onnipotenza infantile
non per malvagio sortilegio
fra cespugli di ginestre e di oleandri

★

rappresentavo un rischio minore
per un giubbotto o un paio di scarpe
a partire dagli anni Sessanta
una manciata di ricordi affettivi
un gioco di gesti che dura
tutta una sera

da quando il rosso è passato di moda
dopo la caduta del muro
c'è ancora un muro a dividere
e l'arbitrio generalizzante
venuto non per trauma ma per usura

pensi basta è tutto finito
la vita è finita un baratro
ah dici se l'uomo si rispecchiasse
in una pianta di fichi

★

non sembra anche a voi protesta
gridata se qualche strumento stecca
tra minacce di maledizioni
e lusinghe

val la pena di dare uno sguardo
al presente
avvoltolato nel suo sudore
stantio

ma tutti stanno facendo i bagagli
sono miei stati d'animo la mia
depressione che ora predica
la speranza

★

astrattamente medito di andarmene
nel silenzio nel chiarore dell'alba
mentre il papavero è ancora muto
in attesa di aprirsi al sole caldo

è talmente complicato incontrarsi
al giallo antico delle lampade
nelle viuzze del vecchio borgo

sperare
è come scrivere sui monumenti

★

la gente chiede
ciò che le appartiene di più
il passato glorificato
dalla luce in bianco e nero
un cercare non si sa cosa nei cassetti
una schizofrenia apparentemente
senza rimedio

è un contagioso passaparola
che assapora il tempo
denso dei ricordi
la propria biografia
seppellita con gli oggetti
della vita quotidiana

separare la vita e le opere
è difficile tu dici eppure anche
una strada vuota ha i suoi vantaggi

★

è proprio a due passi dice
il pellegrino amante di percorsi
illogici alla ricerca di ricordi
e di fantasmi dimenticando
gl'immensi spazi deserti
d'attraversare per un'altra tazza
di caffè ed una voce umana

senza un buon amuleto
sarà difficile arrivare indenni
alla notte anche se tutto
è pieno di sole e di colore
e di computer mappamondi e tante
risate e la banda del paese
passa suonando polke e marcette
portando allegria

★

è sempre difficile decidere quanto
urgente sia un problema
se ti fermi a riflettere
trovi sempre qualcuno
che rappresenta una variazione
sul tema della fuga ricca
di metafore barocche
e convenzionali
così attraversi gl'incroci senza
rispettare i semafori e vai a volte
per la lunghezza di qualche isolato
se il muro si presta

★

non so quali siano i percorsi
attraverso i quali uno
arriva a nascondersi
ma almeno sotto questa scala io
continuerò a passare
che porti male oppure no

come un soffio di vento che spezza
fili di ragno ghiacciati di brina

★

l'aria è scompaginata
dalle mille invenzioni
dei venditori di rotocalchi
tanto al chilo radio
televisioni che strepitano intorno
e quella inguaribile inclinazione
a deprimersi e se poi scoppia
la guerra e ti mettono in mano
un fucile

e sul balcone spazzato da un vento
gelido quanti suicidi da là sopra
il rumore dei vicini dei camion
che passano per strada
quel fare gli idioti dirsi buffoni
e mezzo mentecatti per paura
di uscire fuori moda intorno
soltanto le case le strade
un documentario visionario
surreale una poesia impastata
di fango e violenza protetta
da una immensa vetrina
nello spazio percettivo

del display
hanno assassinato la campagna
per un grappolo di voti
e la notte comincia
ora ai piedi di una scalinata

★

il manto oscuro della notte avvolge
ancora camion inesausti autobus
gremiti macchine disponibili
a viaggiare per giorni c'è soltanto
qualche cane che non sa dove
rifugiarsi tra i mucchi di cartacce

una piazza è uno spazio vuoto quando
si vive da ambulanti o lavavetri
ad un semaforo ogni tanto un sorso
di grappa ma sa di ginepro

★

giusto freddo
per una conversazione normale
notti nel solstizio d'estate un sonno
inquieto assediato incuriosito
delle cose così come le sto vivendo

poi comincia la storia l'occasione
per dimostrare definitivamente
di essere il colpo di pistola
udito in tutto il mondo
c'è un cimitero ebraico sulla collina
dove prima c'era l'erba
un progetto politico la velleità
di cambiare il mondo

tutto qui tutto qui
quello che doveva essere
la rivoluzionaria risposta per uscire
dall'ovvio
qualcuno l'ha già calpestata
lasciandovi le impronte delle suole

★

fragili misteriose mummie avvolte
in bianche bende un dibattito
non è mai un incontro banale
la gente pensa ancora
che non abbiamo fax o che non riceviamo
le informazioni via satellite

e cercate di ascoltare le voci
soltanto chi ci è nato sa che quelle
pietre coperte di erba selvatica
una volta erano case

ritorneremo ad essere un'isola
dimenticando alfabeti e serie
statistiche di dadi a sei facce

profezie che si avverano
per il solo fatto di essere
formulate ci saranno
altrove contenitori lucidi
e in perfette condizioni
per affrontare
un futuro nebuloso
c'è il bisogno di liberarsi
dalla staticità dell'azione
di non essere riguardosi
di non essere complici
condizionati dai titoli dei giornali

dire per gl'indifesi i fragili
quelli che non hanno voce
e continuano a non averne
in una condizione già grave
di rottura culturale mettere
le tende alle finestre borghesi
sulla strada di vetri e calcinacci
e anni di gavetta e fichi secchi

a porgere la guancia si rischia
qualche brutto ceffone
e i buoni sono sempre in minoranza
i senza casa gli sconfitti
i senza casa sono di più
uno o due di più non una folla
sono solo i neri a manifestare
per i senza casa
la capacità di sopravvivere
nelle contraddizioni più accese
i senegalesi che offrono occhialacci
e braccialetti brasiliani

suonavano in strada tre ottoni
due adulti e un bambino
per raccogliere soldi

★

ai confini della civiltà si arriva
dopo venti minuti d'auto
dal centro quartieri distanti
anonimi dove le piazze
sono parcheggi per auto
e bambini mandati a guadagnare
qualche elemosina
guai a fermarsi alle penultime
scoperte la propria privata campagna
di resistenza contro
le avversità della storia sotto
l'impietoso sole del deserto

quelli che lavorano vengono fuori
solo raramente per poter pagare
di tasca propria i pasti alla mensa
fra inattesi silenzi spopolati
spazi spionaggi d'occhi fra due
battenti e mille gambe
che s'intrecciano sotto i tavoli

★

e non cedere
alla tentazione di pagare
due lire per scavalcare una fila

c'è chi racconta che gli esseri umani
sono sempre riusciti
a realizzare i loro sogni mentre
in terra non farci caso rimangono
morti e feriti
per far perdere la pazienza per provocare
in modo da poter poi dimostrare
che sei un sovversivo

★

ma intanto è calata la sera

proprio per non dire parole
in più è come trovarsi di fronte
un grande spazio pubblicitario
fondo bianco e scritta in nero

la piazza si affaccia come un film
nello spazio degli alberi
meravigliosa e terribile ricca
di seduzioni e pericoli
l'intima nostalgia di un sogno
che forse porta nascosto ciascuno
nel suo animo profondo

★

capaci di vedere tra le nuvole
non nel chiuso dei conventi
con la maschera rugosa
della vecchiaia operare nel tempo

un orgoglio e un'angoscia

e fare i conti con il mito
d'un nero destino nel cuore
i cento segreti che concorrono
a disegnare il romanzo d'ognuno

coincide con il tramonto
l'ora della preghiera

★

pietra vulcanica dove il sole
si raggruma disvelando
contorni chiari ombre da impastare
con le mani crete argille
da modellare costole
da plasmare per trarne universi

la parola

devi palparla odorarla gustarla
proprio come si fa con una donna

★

la ragazza dell'alba
nuova non è facile sostenere
a lungo il suo sguardo
perché brucia e accarezza
inquieta e rincuora ti prende
e ti lascia due occhi
troppo azzurri troppo intensi

in essi c'è il mare e il cielo e stormi
di uccelli e un cartello dove
sta scritto con i caratteri grandi
dei pubblicitari che la vita è
soltanto un sogno

★

sono cambiati i colori notturni
tra un fotogramma e l'altro
per inventare questo percorso
di bianchi sentieri e le nuvole
nere tutte sfrangiate di sotto

mi sembra che il libro abbia in parte
mancato al suo scopo nascosto dietro
quell'aria da perdigiorno
al sole in mezzo all'asfalto deserto

e qui tutto continuerà a funzionare
anche dopo al solo fine
di realizzare se stesso

★

ora che è tornata la calma
riprendiamo a conversare
e quindi le giornate sono meno
vuote meno antipatiche

c'è un'aria viva quasi una promessa
il vocio nelle strade è forte
popoli che tendono le braccia
verso l'azzurro del cielo una folla
di storie che non cercano eroi

alla prima luce del giorno

FONDOTINTA
IL RISULTATO

Quadri con Donne
(Per l'Otto Marzo)

TOUCH

★

bionda evanescente magra
senza luci particolari
quasi più bella in bianco e nero
nervosa come un'adolescente
– no il rossetto non me lo tolgo –
e via con le foto moda
cinema pubblicità d'autore
lo spot d'un gelato elegante
e raffinata la mortale noia
dell'immortalità
magari la felicità fosse
contagiosa come l'influenza

i maschi che mascalzoni
egoisti insicuri anche
ciechi talvolta
vorrei innamorarmi
un uomo focoso naturale
indispensabile e appassionato
un uomo che paghi
le bollette

★

gentile disponibile serena
il foulard in testa un paio
di pantalonacci un giubbotto
un corpo *corporate gadget*
nel Seicento l'avrebbero bruciata
come strega – del resto
le foto parlano da sole –
con eleganza ed ironia
– un tocco di classe –
sotto il vestito un'anima
manipolata tradita
non rispettata
dalle nuove tendenze della
comunicazione trasgressiva

all'inizio è stato un caso
di coscienza
quel numero di *Playboy*
– due anni fa non avrei posato
undressed senza vestiti –
foto rubate film
di cassetta per bocche buone
chi sogna uno sguardo

languido chi un appuntamento
chi uno spogliarello
chi una notte
– io sogno un appartamento
da arredare tutto in bianco
trecentoventi metri quadri

★

non voglio diventare
un personaggio di moda
una Claudia Schiffer
non voglio essere
violentata
dai media la sera
vado a letto sempre
in compagnia di un libro

e *(spirituale)* facilmente riesco
a capire chi soffre
e *(intellettuale)* non mangio
carne non metto mai
pellicce sono sempre stata
di sinistra
e *(astratta)* mi piace fare
bambini in fondo sono
pur sempre una cittadina
che paga le tasse

Carta da Macero
(1996 – 1998)

Fidel
americano

I

i rumori di casa
i profumi della cucina
dedicare il fine settimana
al libro scelto nell'aria
una canzone un po' ruffiana
uno sgabello su cui sedersi
– più importante del benessere –

e compleanno dopo compleanno
accorgersi all'improvviso
d'avere cinquant'anni
in prima pagina
su tutti i giornali

sembra un dettaglio
– ma non lo è –
c'è la polvere sul palco

senza troppe regole
molto diventa facile
camminare e volare
la vita che ritorna
è un bambino che cammina

II

forse esposti i fatti
è il caso di gettare il seme
del dubbio nello spazio
dedicato alle indiscrezioni

la vita è troppo cambiata
in troppo poco tempo
per raccontare una storia
d'amore e di dolore
con i tempi lenti
d'una passeggiata in bicicletta

troppo pensiero debole
troppi amanti dei salotti
chiacchiere che non conoscono
orologi e la bottiglia di vino
sempre in fresco
e dire che a volte
basta un attimo per capire
le mosse dell'avversario

III

i funerali si somigliano tutti
– e ancora tuona il cannone
e ancora si fa di tutto
per insabbiare scandali e stragi

non si tradisce cambiando
ma non riuscendo a cambiare
a seppellire le vecchie illusioni
cambiare aria cambiare abitudini
stile atteggiamento aprire
alla freschezza

non c'è più spazio per la lotta
– la paura del buio del vuoto
la solitudine resta il gusto
un po' amaro di occasioni sprecate

IV

ci sono mete che hanno
il fascino dell'incontro
tra le pareti convenzionali
del *politically correct*
- nessun maxischermo
nessun effetto speciale
magico determinante
un oroscopo
per tutti i giorni dell'anno

in fin dei conti il mondo
non casca per un bacio
– c'è chi lo fa per beneficenza
chi per ecologia –
ma dodici colpi di pistola sono
una sveglia allucinata quando
la tua personalità
è un dettaglio

V

fra bancarelle di stoffe e verdure
e CD-Rom perfettamente
contraffatti il deserto
d'un'umanità senza scopi
senz'anima

con lunare ironia mi regalo
un sogno senza vestiti
d'appendere in camera

VI

pub music bar discoteche affollate
il deserto a due passi
dove leggere Platone
Sant'Agostino o il Bhaghavad Gita

una foto sgualcita
d'una figura di uccello
disegnata su un masso
pudore ed essenzialità
d'una solitudine di millenni

VII

sogni ancora sogni un temporale
disegnato goccia per goccia
– qualcuno ha investito una donna
anziana una bambola di stracci
forse ferita forse morta

luride schiere di vagoni
convogli di Mercedes a luci blu
e vetri affumicati singulti
di sirene
    (esterno giorno
    carrello flashback)
                    una cascina
sul Naviglio e il vecchio ponte
un piccolo paese chiuso
tra le vette
– le esitazioni i silenzi
le sfumature
battute inserite a fatica
la ricerca forzata
d'un sorriso
in una baracca di legno

a volte un bazar una piazza

una biblioteca
un salotto un tepee d'una
riserva Sioux un coniglio
bianco il mondo – **leggere
attentamente il foglio
illustrativo**

VIII

immagini di terre lontane
avventura e scoperta
romantiche passeggiate
a Central Park e perché no
un'asta per raccogliere fondi
a favore del popolo afghano
e tutti i gadget del caso

crisi viene dal greco
vuol dire scegliere giudicare
la decisione il salto *verso*
la paura di volare superata
di slancio – c'è sempre un'età
in cui un uomo deve andare dove
non sa andare

IX

programmare il tempo organizzare
ricordare tra le macerie
dell'ultimo confine

– la solita cravatta
il solito maglione –

difficile dire chi abbia ragione
tra le maglie del dialogo
una lingua non è una materia
serve per fare
prima che per pensare

non ripetersi non fotocopiarsi
– lettere telefonate confessioni –
discrezione e un po' d'incoscienza
voglio vedere il mare
non un nuovo videogame

Officina Poetica
(1997 – 1998)

I

mi porto dentro un sogno come un cilizio ruvido
legato intorno in giorni dell'infanzia lontana
– una distanza infinita interiore
come muro di silenzio e di timore

non guardo né avanti né indietro
alla ricerca d'inquietanti analogie
guardo solo i miei piedi
– la vittoria arriverà più tardi ammesso
che sia veramente indispensabile

II

ho visto signori loquaci
bene inseriti nelle professioni borghesi
collegare concetti e citazioni
come asole e bottoni d'una tonaca
come i grani del rosario

e tutti a cantare “Bella Ciao”
e le canzoni della mala milanese
con l'occhio del padrone furbo
che tiene la corda lunga l'aria
di chi la sa lunga e ti fa sentire fesso

III

ma perché continuare a bofonchiare
spandendo nell'aria il proprio
alito nauseabondo
perché non scendere sul sentiero di guerra
con archi frecce piume e tamburi
– quando era ormai allo stremo delle forze
il Che portava ancora dei libri sulle spalle

IV

e andiamo tutti al Mulino Bianco
noi pellegrini dell'era dei media
c'è Sgarbi che predica i congiuntivi
preservativi della bella lingua
di don Lisandro sbronzatosi d'Arno

e scriviamo qualche fax al Corriere
per disputare se Togliatti era sincero
se “Mani pulite” ha menti legate
– o menti pulite e mani legate –
in questo bel paese di santi razzolanti
dove chi canta *Viva l'Italia*
per non sganciare una lira di tasse
s'è da tempo fatto residente a Montecarlo

e seguitiamo a dir balle ai nostri figli
che dare costa meno che non dare
che poco importa dove ci sorprenderà la morte
purché il nostro grido di guerra sia ascoltato

V

il mito americano è duro a morire
nelle province dell'impero
dove un benessere angoscioso ti circonda
e una solitudine innominabile

gente che si arrangia a Napoli come in Nordest
indispensabile per vendere Nutella o detersivi
– poveri idioti manipolati e un po' fascisti –
ma la lotta di oggi cancella le colpe di ieri
e chi ha manifestato anche per un solo
giorno non sarà più lo stesso individuo
di prima

VI

vuoi mettere
l'importanza del gesto d'ogni gesto
la perfezione di un uovo poggiato contro
una lastra di ferro sullo sfondo
miniere e stazioni deserte i paesi fantasma
muri di pietre di legni di libri di sacchi
segni di un'immagine costruita su un rapporto
e stretta impervia contorta sghimbescia
una gradinata scolpita a capriccio
nella roccia

la realtà che non è visibile è apocrifa

Murales
(2003)

RAJAH

Una stanza dove rallentare i ritmi
essere uomo che mantiene le promesse
– quella risposta usa e getta a vecchie
e nuove incertezze

e all'alba del nuovo giorno
via l'album delle foto la scatola in soffitta
gli scaffali di libri
lo scrigno dove depositare i pensieri

un manifesto un messaggio estetico
una dichiarazione di guerra

e quando il male ha le sembianze
d'una modella di intimo femminile
una donna impeccabile
che non ha bisogno di stupire
sulle pagine delle riviste patinate
con i suoi soprammobili più kitsch
le tendine lise le paccottiglie
                    di una vita

allungarsi con il corpo per riuscire
a guardare più lontano con la mente
è la parola chiave per avere
accesso alla propria vita
senza i plotoni di accoliti
che dipanano l'intricata rete
di citazioni e allusioni

L'America ha ucciso l'Occidente
– non siamo l'esercito della salvezza
lo aveva detto Lenin
cavandone solo una pentola
                                        di pasta e ceci
io
non l'ho letto se non per i brani
riportati dai giornali

copertura televisiva e sponsor
sono le parole d'ordine – e
alle truppe americane che si preparano
per la guerra in versione digitale
gastronomia di confine e di montagna
luci, suoni e profumi evasioni
                                        cosmopolite
e ragazzini che giocano tra le rovine

Grazie a questo spazio virtuale la città
non è più un luogo anonimo
miseria e degrado dappertutto
con un uso raffinato ed eccentrico
di legno vetro acciaio e cemento
e un uomo che tradisce la moglie
nella dissolvenza dell'ultima scena

– anche se la sua dimensione caotica
di fondo è luce che proviene dall'interno
del palazzo

è un bar all'italiana
– presenza costante nelle nostre vite –
dove non bisogna bussare per entrare
e il dialogo continua anche se il gruppo
di amici si è disperso per le strade

Radere al suolo una capanna
per sfogare la propria furia
– il prodotto di Israele che si esporta meglio
che non conosce crisi né boicottaggi

e il gusto di raccontare per telefono
quello che trasmette la Cnn
– parlo di esseri umani
parlo della fragilità della vita

al di là delle nuvole
dove i ruoli non esistono più
l'universo non è altro
che una corsa verso il caos più completo

E se qualcuno oggi dicesse
di non credere all'esistenza degli atomi
scattando polaroid per farne un lavoro
per ritrovare la propria autonomia
un nuovo modo di vedere le cose
il gusto della grande avventura
che si dipana su percorsi insoliti
gli amori impossibili del marinaio

s'impara a sopravvivere alla vita
                              attraverso la vita

– se vedete una persona sospetta
scattate una fotografia e mandatecela

Rovine khmer in versione digitale
avviluppate dalle radici d'immensi ficus
se dovessi inventare un'immagine
che renda il senso delle mie creazioni

e sapienti pennellate a inchiostro
danze di ombre ai confini dell'orizzonte

i venti di guerra non spengono la voglia
di partire
non sarò mai un homeless
perché la mia casa è in me stesso

Giusto dire confettura
e non marmellata
il servizio alla bandiera va remunerato
– intelligenza leggerezza ironia
humour italiano dai sentimenti profondi

cambiano modi e luoghi per evadere
terrorizzati all'idea
di dover lavorare per tutta la vita
individui perennemente torvi
                    e mugugnoni

ogni scelta ha un prezzo
parole che equivalgono
ad aver sbagliato strada
– se ci pensi muori dopo sette giorni

Perché rinchiudersi in un'abbazia
sospettati di fare harakiri
di uccidere la speranza
perché non trasformarsi
in filosofi dell'avventura
attratti da discipline più trendy
sincronizzare in modalità wireless
contatti incontri
per non fare dell'arido podere
di famiglia un cimitero di lusso
girando strade di gente non ricca
che la notte vuole dormire
e frammenti di città multietnica
imparando a convivere con il disordine
quanto basta in Internet a fare storia

– mi basta un dollaro quello che ti avanza

Sull'altra sponda del Naviglio
serate d'improvvisazione musicale
e performance artistiche d'avanguardia
le più ultime le più segrete
immagini che sfondano i muri
per trasformare in schermi
                    le loro finestre

e la mattina sui marciapiedi
c'è da spazzar bottiglie e lavar via
il piscio dai muri
in questa Europa d'inizio millennio

Non è un problema di guerra giusta
o ingiusta e discorsi più o meno
infuocati se sia necessaria
è l'evoluzione di un desiderio
senza se e senza ma di chi si sente
guerriero di Dio

– e l'ipocrisia di usare
la parola guerra contro
un esercito di straccioni

Guerre stupide e crudeli
hanno distrutto le città
bruciato le campagne
seminato la terra
di milioni di cadaveri

born again Christian
la certezza di essere
dalla parte dei giusti

– forse chi non ha mai visto
un posto dove si soffre dovrebbe
stare attento a quello che dice

È il tempo delle divise e dei gradi
degli appelli al proprio Dio
e giornate scandite dal tempo
                    delle bombe

nel ricordo di migliaia di soldati
mummificati dai proiettili al fosforo
e centinaia di sbandati
che si arrendevano
alle troupe dei cameramen

– al passo di Al Mutla si racconta
una decina di tanks marciscono
ancora al sole come monumenti
                    alla sconfitta

Nel deserto è più facile
ritrovare se stessi
aspettando una data
che spazzi via tutte le incertezze

nel deserto dove serpenti e scorpioni
sono ancora i pericoli maggiori

nel deserto dove l'uomo
non è che polvere trascurabile

Scrutare il nemico con i cannocchiali
e fare anche qualche foto ricordo
di quei soldati male in arnese
nelle sabbie di Safwan dove
l'autostrada diventa un tratturo

ripassando le sequenze di una guerra
già combattuta e stravinta
centinaia di volte
nella virtualità dei computer
dimenticando
quei settantasettemila body bag
per raccogliere i cadaveri

– forse un po' troppi per un wargame

L'apocalisse si scatenerà nelle tenebre
in una notte senza luna

sui siti strategici centinaia
di missili e bombe intelligenti

e il dolore del mondo che si copre
di terra grigia e sabbia bianca

– la tempesta prossima ventura
si fiuta nella polvere del deserto
sollevata dagli scarponi

C'è chi si ostina a voler ragionare
contro il mondo e il suo dolore
– faremo del cielo il posto più bello
della terra

ma il bello di un'idea è che puoi
cambiarla ogni momento è un'occasione
per dare una svolta
la storia del resto ha sempre
più fantasia di noi

Nessuno della mia generazione
ignora fino a che punto sia stato
profondamente segnato dagli Usa

anche se ripete parole
d'ordine stupide per non piangere
seduto sul bordo della strada
e guarda passare i convogli della morte

– non sono destinati ad uccidere noi
le nostre famiglie – lo strano grottesco
rumore della paura mette tutto a posto

Gente che non chiede nulla al cielo

gente che chiede solo di respirare
nella dignità e non morire per nulla
o per salvaguardare interessi
di altri

– si scaveranno con le loro mani
le tombe avranno tutta la morte
per ridere del loro destino funesto

Nei film di Hollywood il nemico
della libertà viene fatto fuori
da bravi padri di famiglia fieri
americani

un chiaro
avvertimento agli uomini in armi
intenti a spiare un movimento qualsiasi
che assomigli alla vita
con la contraerea e i missili nascosti
nei bunker con i carri armati
sepolti nella sabbia

– istruzioni per l'uso:
arrendersi all'evidenza
gettare le armi e ringraziare
lo Zio Sam

Comunque vada ho ripreso ad osare
dopo essere passato da un cassetto
all'altro per sette anni
anche se scende la sera ed il cielo
si fa viola – the power of dreams

posare con le mani la prima pietra
il mutamento che affascina
la trasformazione
– fai battere forte il tuo cuore
alla ricerca di nuovi spazi da vivere
e se non diventi famoso
sii almeno infame

Non voglio apparire voglio essere
solo amato e trovare un modo credibile
per entrare ed uscire da una canzone

una collina con vista sul mare
sono questo e sono altro
– un po' troppo per esprimerlo
con sole parole e immagini
improvvisazioni jazz e melodie cinesi

Storie di media sesso e tradimento
lustrini fama potere cosce e sangue
e anni passati tra spaccate e piroette
per allontanare i fantasmi d'incontri
mancati con ritmi e pensieri
nell'era dei conflitti armati
e della paura diffusa

cambiano le montagne
possono cambiare anche le idee
nel cuore dove tutto nasce
da promesse non mantenute

La semplice comparsa
di una parola sulla pagina

la consapevolezza che sia unica
a rappresentare il nuovo
destinata a rimanere nella storia
residuo di una remota epoca
– di fenomeni mediatici e film brutti –
senza strumenti che sapessero coglierla

inguaribile modo di vedere
il mondo leggero lunare
e in fin dei conti innocuo
quando la morte diventa l'anticamera
della propria autonomia

Giovani belli e spesso biondi
per dare un corpo alle cose
per estremizzare la comunicazione

vestivano tutti di rosso
ed inveivano contro il governo
– un bisogno di condivisione
che ha pochi connotati ideologici

intenti a tagliuzzare carte di credito
davanti a perplesse cassiere
tentando di coniugare Picasso
e slot-machines pigiami di seta
e conigliette – piccioni che vanno
sempre nelle stesse piazze
senza scegliere ogni mattina
un gusto diverso

Puntarsi la macchina fotografica
in faccia per un autoscatto
non è un luogo comune
ogni fotografia ha un'anima

organizzare la propria inquietudine
essere un luogo aperto a tutti senza
appartenere a nessuno
convertito alle arti e al tempo libero

cogli le immagini più belle della tua vita
prima che gli archivi vaticani
siano aperti ed esaminati

Una pittura che racconta
attraverso colori squillanti e sensuali
l'idea della giovinezza com'è oggi
in faccia ad una natura che si veste
di luci taglienti e solitudine

c'è chi dice che solo nel deserto
più profondo l'uomo riesce
ad avere con se stesso un giusto
e totale rapporto essere
la propria terra promessa

di fronte al naufragio

Immagini registrate in diretta
da una webcam interviste ai passanti
iconografie struggenti di una tragedia
tonight so lovely quando
sogni ed incubi sono inscindibili
nell'aria smossa dai ventilatori
appesi al soffitto

chiude al tramonto il confine
verso una nuova dimensione
inafferrabile dell'esistenza

porsi domande interrogarsi sui misteri
chiedersi chi ha mentito e perché

Opere datate
rappresentabili a patto
di non venire prese sul serio
il prototipo di uomo americano
reincarnato per il cinema
nel body building linguistico dell'assurdo

non è tanto la coreografia
il chiudersi in una torre d'avorio
induce a danzarsi addosso
in un'orgia di odio amore

come capita a certe persone distratte

Torride le notti dell'estate
alla ricerca di luoghi dove
si respira un'atmosfera libera

dove non conta essere alla moda
anche nei dettagli o trasgredire

dove i morti parlano e raccontano
con l'insolenza innocente del microscopio

– e se manca l'ispirazione basta
posare penna foglietti di appunti
ritagli di giornale e trasformare
il buio in un'opera da esplorare

SEGNI D'ARIA
(2004)

I

Il piacere di viziarsi
circondati da gente che si prende sul serio
una stanza doppi vetri tende tirate
il distacco che diventa una scelta
per prepararsi al mutamento alla morte

una vita non confusa
nella bambagia degli affetti
star bene con se stessi
liberi di scegliersi i compagni di strada
– ogni volta un evento una sorpresa
che non si scorda facilmente

sentirsi giocatori che costruiscono
l'identità del proprio personaggio
tatuato ed aggressivo camuffando le perdite
la vocazione a dimensioni altre

per non ritrovarsi davanti
solo un muro bianco e dire
con tono credibile battute senza senso

II

Un'implacabile ricognizione
nel cuore alla luce d'un'alba
avanzata o d'un crepuscolo
incipiente musica dal vivo
e colonne sonore
di vita quotidiana

– e i B52 sempre pronti a decollare

l'informazione è nuda
e parla da sola dai convogli
delle metropolitane
dai muri tavolozza
accesi da immagini e parole
in uno spazio interamente
dipinto di grigio scuro

il mondo sembra un'irrespirabile
carneficina un incubo – dove
i vivi si travestono da morti

III

Un bizzarro scherzo del destino
il senso d'inquietudine uno spazio
per perdersi un tempo per ritrovarsi

provo a distinguere l'Ovest
dall'Est senza guardare il sole
– non c'è niente di più avvilente
che sognare di aprire le finestre
in una stanza buia

dov'è? il gigante in grado
di rovesciare il tavolo delle regole
di ritagliarsi il proprio pezzo di cielo
– per andare oltre

non cerco alibi

IV

Non la solita minestra
per vincere gli ultimi baluardi
dell'inverno
per perdersi dentro una fiaba

un passo alla volta non ho fretta
non mi piace correre farmi
schiacciare nel formicaio
umano al di fuori della cornice
in cui mi sono rinchiuso

senza una riga di testo
nessuno che sogni con me
l'ultimo gesto ricostruire
il mondo in un pugno di fogli

V

Le linee e le parole fissare
un racconto impalpabile e irreale
qualcosa di assurdo e di banale
dove l'inquadratura comincia
a sfuggire alle leggi della pittura
un videogioco di parole una
scatola a sorpresa

costruire un linguaggio attraverso
i suoi elementi la fantasia
trapassando lo spessore piatto
del gusto veicolato dai media
tipografici inseguendo il desiderio
di conoscenza d'informazione fuoristrada

ricercando il mondo che ci accompagna
da tanto tempo che è impossibile
non amare

VI

Lascio agli altri l'onere
di sistemare il mondo con mesti
rituali inesorabilmente quotidiani
che scatenano le ovazioni
della stampa

non manipolo l'opinione pubblica
non trasformo gli eventi in spettacolo
io mostro i miei morti

anche se non interessa a nessuno
dico che c'è gente su questo pianeta
che vive la realtà ancora
e non ride o s'annoia
a veder cadere le bombe

VII

Tre sedie affiancate per tirare il fiato
prima di varcare il confine
del mio immaginario

– per cosa strillavano si scalmanavano
la paura di sentirsi negato un futuro
restare o andare via
pronti ad occupare spazi abbandonati

al di là delle tante leggende
della carta stampata
neve freddo una doppia croce greca
in ferro battuto risplende
al sole del mattino
qualche elemento trovato per caso

in ogni pagina – anche imperfetta –
schegge della mia quotidianità
da degustare con moderazione
come tutte le cose preziose

VIII

Una sbarra arrugginita di confine
sullo sfondo l'immagine sfocata
delle colline e il vento che soffia
– come un buon vino d'annata il ricordo
più invecchia più diventa prelibato

il gemito patetico d'un clarinetto
invecchio mentre sto scrivendo
che il petrolio non fa miracoli
che la gente non crede nei partiti
davanti al dolore degli altri
ad una mano tra le macerie
– anche se ha il frigorifero e viaggia
in aereo

seduto di fronte al mio schermo telematico
vivo altro tempo e altro spazio
che non è teatro o sogno

IX

Un cantiere aperto
in cui tutto è possibile
paradosso bizzarria stranezza dramma
ironia e cinismo un monologo
che si trasforma in diario
un nuovo modo di vedere le cose

niente se fossi nato qualche
centinaio di anni fa
niente sentimenti di colpa
– se ho tentato o no una resistenza

sconvolgere ogni regola cercando
paradigmi inediti raccontando
storie cavando le parole
dalle mille immagini dai ritmi
dalle voci del quotidiano

per ricrearmi nella mia unità

X

L'incontro scontro tra corpo e spirito
materia e mente spazi sonori
ossessivi gusto per i dettagli
dare tempo agli interpreti di cambiarsi
conciliando il pensiero con l'azione

in questo esordio del ventunesimo
secolo l'ombra del declino sembra
allungarsi sul fuoco che si estingue
mentre un uccellaccio a strisce
svolazza sui cimiteri indifferente

affermare e smentire
riaffermare e smentire abbellire
le menzogne per urlarle sempre più forte
perché non è facile raccontare guerre
raccontare le proprie ossessioni

Carte Assorbenti
(2005)

I

Poi come a volerne tirare le somme
un germogliare di fiori di plastica
la libertà di scegliere il canale
televisivo la merce al mercato

oltre il trash i segni dell'anima
ma dai banchi delle elementari
sognare non ha più nulla a che vedere
con la realtà e c'è chi lavora
per la qualità dei nostri risvegli

II

Tirare avanti senza un progetto forte
confidando in una musichetta
di benvenuto e in una modella
con bikini d'ordinanza
e nessuno che tiri la giacchetta
per reclamare il conto
prima che la notte scenda

in fondo si tratta solo di prendere
una scatoletta dallo scaffale
e se capita di volare allacciarsi
le cinture di sicurezza

III

Un giorno
camicia senza cravatta
con la borsa in mano, block notes e penna
alla ricerca di nuovi spazi da vivere
tra bottiglie di plastica e montagne
di carta, imballaggi e ferraglia

– una risposta alle paure che ci attraversano
sotto un sole che ancora picchia a martello

se stai pensando di farlo non preoccuparti
il coro narrante non grida allo scandalo
non ci saranno telefonate anonime
tutto il resto rimane come prima

IV

Impossibile non desiderarti
dopo averti visto s'uno schermo ultrapiatto
con jeans e scarpe da ginnastica
in un vicoletto dove le case sono
tutte basse e eguali

– il cuore in gola le gambe che tremavano
la vita quotidiana in un libro pubblicato
da uno stampatore condannato al rogo

era una mattina di primavera
senza gadget ed effetti speciali
ma vietata ai minori non accompagnati
mai arrivata nelle redazioni dei giornali

V

E dopo la pioggia risveglierà il paesaggio
con i suoi ghirigori e il gusto di mettere a nudo
un racconto incapace di sottostare
alle regole della cronologia
il già visto il già sentito il buffone
che dice scherzando la verità

benché i giornali sfornino sondaggi
per lo più favorevoli a lasciare
il telecomando a chi si vuol male
l'ultima campagna non è dedicata
alla scrittura e accessori a corredo

siamo un popolo a cui più nessuno
racconta storie prima di dormire

VI

Un dibattito animato senza mercato
un'idea emozione che nasconde
significati diversi alle parole
e genitori buoni da mettere in soffitta

per gli eroi si organizzano tavole rotonde
e si parla del tempo e di paradossi
e di case costruite sugli alberi
select a song
c'è solo l'imbarazzo della scelta

VII

Alla ricerca di tracce di sé
strada facendo

una cornacchia morente sui rami
secchi di un vecchio albero
the heart of a woman
il tempo per salire i gradini della scala
presenze che dominano la scena
grafica scarna e dialoghi pungenti
un pacifismo in senso letterale
utopia di tutti gli artisti

discutendo se sia meglio
il parquet o la moquette i gerani sul balcone
se ridisegnare il fondale
messaggi semplici e arte commerciale
tra un bicchiere e l'altro
lasciando i sapori colti dell'artigiano

mentre la vita scorre al limite del deserto

VIII

Non posso vantare una copertina di "Time"
sono una persona normale
che fa senza invidia cose normali
nella ragnatela che c'intrappola
nel nostro presente come comparse

a che scopo perdersi
in infinite simulazioni nel più reale
degli universi immaginari
in un tempo sospeso tra odio e silenzio
cercando il proprio posto nel mondo
sperando che l'uovo sbricioli la tazza

per hobby o da professionista
nessuno ti nega un karaoke

IX

Lanciare un tema da tempo rimosso
da cani sciolti chiedendo risposte
non dei niente di serio è solo un gioco
per svelare tracce di atti improbabili
parole e non solo d'un mondo che esplode
in oscuri brandelli di cose già viste e già fatte
nella cultura del copia e incolla

non impressionarti se il paesaggio
all'improvviso si sbriciola cade
a pezzi cercando di liberarsi
delle forme se una nuova guerra
si materializza sul palcoscenico
per cancellare antichi rancori
sino ad esaurimento scorte
se i *senza se senza ma* aprono fratture
che chiudono le porte ai ripensamenti

del resto anche ad un pic-nic ciascuno
porta nello zaino la propria storia

X

Tutto sempre comincia con un atto
di fede in un mondo dove il sogno di tutti
è essere diversi lunga vita ai sogni
per il masochista che è in noi niente
di più gradito d'un mito duro a morire

manca solo il profumo per il resto
c'è tutto anche un vento che viene dal nord
e ragazze intente a darsi il rossetto

se solo tutto ricominciasse da zero

Il libro raccoglie tutte le poesie contenute nelle diverse plaquette pubblicate dal 1995 al 2005 dalla rivista di poesia "Keraunia", da Vento di Fronda e da Disco Rosso Edizioni.

"Febbraio 1994" fu pubblicato assieme alla ballata *"Noi bulgari"* da Vento di Fronda nel 1995. Nello stesso anno fu pubblicata *"Frantumi"*, una silloge che "Il Melegnanese" del 24 febbraio 1996 così presentava: *«... ventiquattro brevi componimenti poetici: "storie che non cercano eroi", come recita appunto uno di questi versi. Il libricino lo si apre per leggervi una poesia o anche poche righe, quasi una boccata d'aria, una finestra aperta su un mondo che sta in equilibrio fra tensioni liriche ed elegiache pensosità».*

Le provocatorie composizioni di *"Quadri con donne"* furono scritte per la pubblicazione in un supplemento della rivista "Il Foglio Clandestino" dedicato all'Otto Marzo, ma non furono pubblicate, probabilmente perché ritenute politicamente scorrette rispetto al quadro sdolcinato e "romantico" della figura femminile che in quella raccolta veniva delineato; e sono rimaste sino ad oggi inedite.

"Carta da macero" è stata pubblicata nel 2004 da Keraunia, che ha pure pubblicato nel 2005 la breve silloge *"Officina poetica"* e, sempre in quello stesso anno,

"Segni d'aria". La raccolta *"Murales"* e la silloge *"Carte assorbenti"* sono state pubblicate da Disco Rosso nel 2005.

Notizia sull'Autore

Sergio Fumich è nato a Trieste nel 1947. Dal 1970 si è trasferito a Brembio, piccolo comune del Lodigiano. Ha operato per oltre trent'anni, a Milano e a Crema, come formatore nell'ambito dell'*Information Technology*, per conto di un'importante Fondazione lombarda che si occupa di formazione professionale. Ha svolto attività pubblicistica dal 1978 al 1995 come collaboratore del quotidiano di Lodi *Il Cittadino*, come direttore responsabile di alcuni fogli locali e della rivista di poesia *Keraunia*. Ha pubblicato libri di poesia e di racconti e opuscoli divulgativi. Attualmente cura le pubblicazioni del Circolo Andreani.

Indice

ANDREANI

Circolo Culturale Anticonformista

I Quaderni del Circolo

P. J. Stahl – La piccola principessa Ilsea.

Christoph von Schmid – Antonio ovvero l'orfano di Firenze.

Monsignor Bougaud – Il Dolore.

Mons. Mario Minneo Janny – L'Eucaristia e il Papato.

Onorato Tavazzi – Mont Blanc. Carnet de chasse.

Carlo Pisacane – La Rivoluzione.

Albano Sorbelli – Carducci e Oberdan. 1882 – 1916.

Gabriele D'Annunzio – Per la più grande Italia.

Girolamo Agapito – Descrizione della fedelissima città e porto-franco di Trieste.

Emma Goldman – Ciò che io credo.

Gabriele D'Annunzio – Terra vergine.

Opera Nazionale Pro Oriente – Il Pane. Temi premiati nel Concorso Nazionale per la Celebrazione del Pane. 1928 – VI.

Laurence Louis Félix Bungener – Vita di Giovanni Calvino.

www.ingramcontent.com/pod-product-compliance
Ingram Content Group UK Ltd.
Pitfield, Milton Keynes, MK11 3LW, UK
UKHW020127250726
13967UKWH00002B/520